Peter in Not

...oder wie man mit einer Katze kommunizieren kann

Eine Geschichte von Erika Nerb

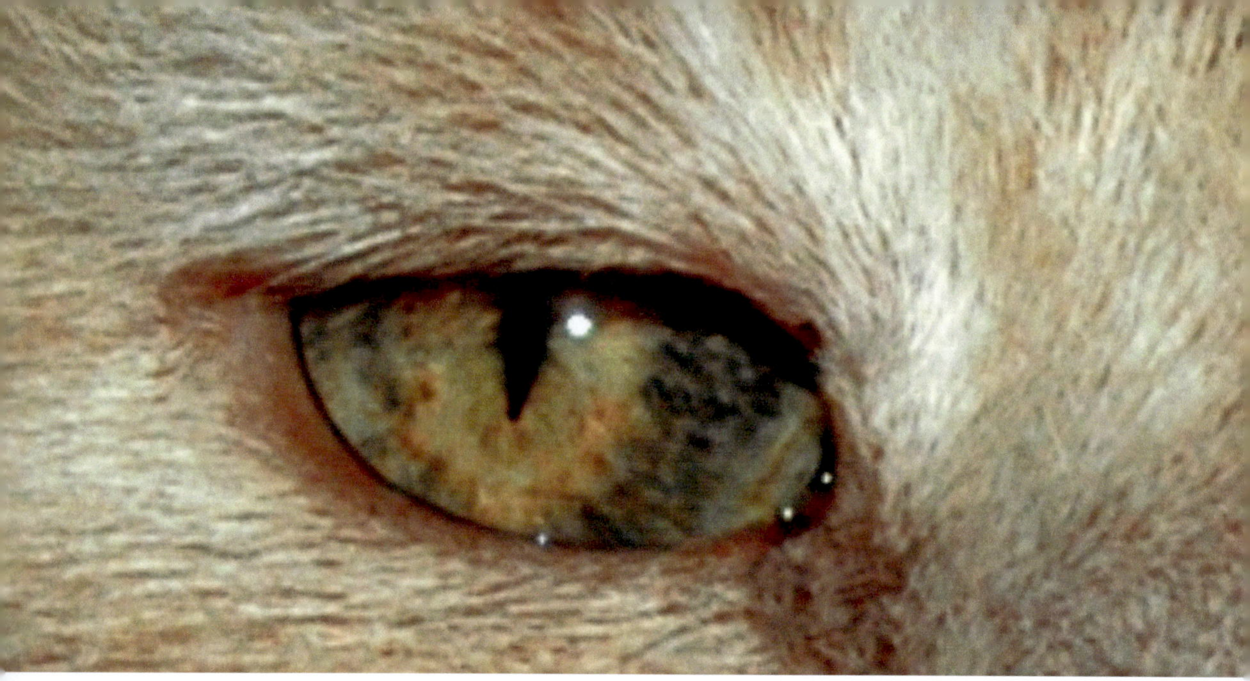

1. AUFLAGE 2013
WWW.DEFONE.DE
Text und Fotos: Erika Nerb
Grafik und Layout: Frieder Bertele

HERSTELLUNG UND VERLAG
Books on Demand GmbH, Norderstedt
2013
ISBN-Nummer 9783732278336

Diese Buch ist auch als e-book erhältlich

**Video-Film im Internet
von Erika Nerb**

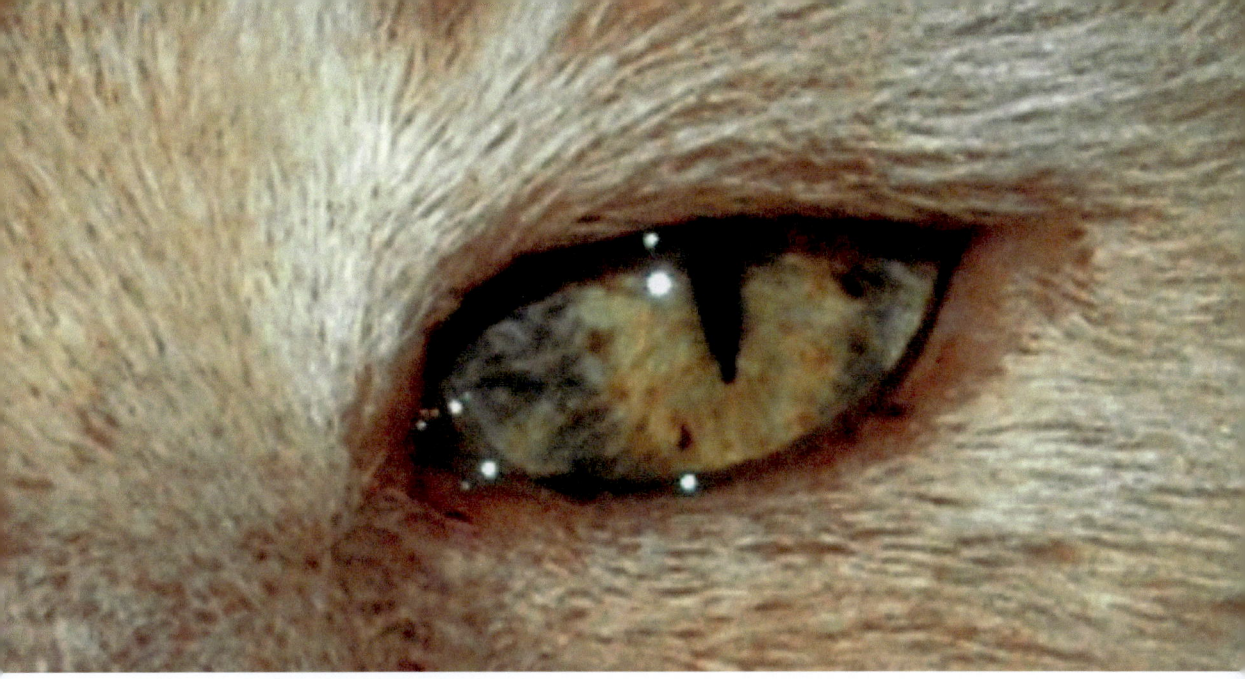

INHALTSVERZEICHNIS

Vorwort

Mein vierbeiniger Freund PETER, der die letzten sechs Jahre seines langen Lebens bei mir verbrachte, inspirierte mich, dieses Buch zu schreiben. Er wird Sie in Form von Bildern begleiten.

Ich schrieb seine Geschichte zum einen nieder, um Menschen Mut und Zuversicht zu geben, wenn sie mit ihrem Tier in eine Notsituation kommen. Zum anderen wollen sich Tiere auch immer uns Menschen mitteilen, sind sie doch auch fühlende, intelligente Wesen. Doch leider haben viele Tierfreunde verlernt, richtig zuzuhören. So soll dieses Buch unter anderem auch durch die Tierkommunikation eine Inspiration, ein Geschenk oder eine kleine Stütze sein.

Diese mentale Art der Kommunikation geht still und leise, sozusagen wortlos vor sich. Wir brauchen nur viel Liebe, Herz und Offenheit und sollten den Verstand in dieser Zeit ausschalten. Aber nicht abheben, sondern Bodenkontakt bewahren. Wie auch Sie mit Tieren auf diese Weise „sprechen" können, dazu habe ich im Buch auch einige Beispiele.

Franz von Assisi ist ein großes Vorbild für mich. Er erkannte die spirituelle Bedeutung der Tiere und konnte mit ihnen Kommunizieren, je näher er mit Gott verbunden war. Tiere geben uns bedingungslose Liebe aus ganzem Herzen. Sie erwarten nichts vom Menschen und urteilen niemals.

Dessen sollten wir uns bewusst sein und achtsam mit ihnen umgehen.

Im Schlusskapitel habe ich ausführlich über Peters lebensnotwendige Versorgung während seiner letzten Wochen geschrieben. Ich fühlte mich damals hilflos, denn ich wusste nichts über kranke Katzen und wie man mit ihnen richtig umgeht. Dieser Teil soll zur Information dienen.

Zur Abrundung des Büchleins habe ich einige Gedichte, Lyrik und indianische Verse zusammengestellt.

Ich freue mich, dass Sie mit mir gemeinsam auf diese Reise gehen.

Herzlichst
Erika Nerb und Kater PETER

Von jedem verkauftem Exemplar fließt ein Euro in mein Kinderprojekt bei den Seenomaden in Indonesien / Sulawesi (www.pesisir.org).

„Was ist der Mensch ohne die Tiere? Wären alle Tiere fort, so stürbe der Mensch an großer Einsamkeit des Geistes. Was immer den Tieren geschieht, geschieht bald auch den Menschen. Alle Dinge sind miteinander verbunden. Was die Erde befällt, befällt auch die Söhne der Erde."

Aus der Rede des Häuptling Seattle an den Präsidenten der Vereinigten Staaten, 1855

Blutspuren

Ich erinnere mich noch gut an den letzten Abend des Jahres 2012. Als ich an jenem Abend nach Hause kam, rief ich wie gewohnt: „Hallo Peter, ich bin wieder daaa..." Ich ging in die Küche und entdeckte Blutspuren auf dem Boden. Ich erschrak fürchterlich, denn es waren ziemlich viele. Meine Augen folgten ihnen, bis sich die Spuren verloren. Mein Herz pochte und ich fing an zu zittern. Was war passiert? Angst stieg in mir hoch. Ich schaute mich um. „Peter, wo bist du", rief ich. Als ich ins Wohnzimmer kam, entdeckte ich ihn auf der Matratze, die auf dem Boden neben der Heizung lag. Er sah ziemlich mitgenommen aus. Ich beugte mich zu ihm hinunter, nahm ihn vorsichtig auf den Arm und streichelte ihn.

„Was ist passiert", sagte ich. Mein Herz schlug immer noch wie wild. Sein Mund war blutverschmiert. Es war still im Haus an diesem Silvesterabend. Ich war allein mit ihm. Draußen herrschte eine strenge, eisige, sternenklare Winternacht. Ursprünglich wollte ich das neue Jahr ganz ruhig beginnen. Und jetzt saß ich mit Peter auf meinem Schoß da und hoffte, dass es nichts Ernstes war.

„Vielleicht hast du dir einen Zahn ausgebissen", sagte ich zu Peter. Mehr um mich zu beruhigen als ihn. Peter war wie üblich ruhig. Er machte nie einen Mucks. Ich verbrachte die Nacht in Angst und Sorge, während Peter in meinem Arm schlief. Am Neujahrstag blutete Peter aus dem Mund und ein Blutspfropf bildete sich. Besorgt beschloss ich, am nächsten Tag zum Tierarzt zu gehen und sprach diesbezüglich auch mit Peter. Er schien einverstanden.

Endlich war es Mittwochmorgen. Ich wusste, dass es nicht einfach werden würde, meinen freiheitsliebenden Kater in die Transportbox zu bringen. Nach geraumer Zeit hatten wir beide es geschafft und waren auf dem Weg in die Tierklinik. Die Tierärztin schaute Peter ins Maul und überprüfte seine Zähne. Sie konnte nichts feststellen. Meine Sorge wuchs. Woher kam das Blut? fragte ich mich.

„Die Zähne sollten gemacht werden, der eine Eckzahn ist ganz locker und sollte raus, und ein Backenzahn ist auch nicht mehr gut. Daneben sollte der Zahnstein entfernt werden", meinte sie. Sie schaute sich noch seine rechte Ohrspitze an, auf der Peter eine Geschwulst hatte, die nicht mehr heilte. „Die Ohrspitze könnten wir dann auch gleich amputieren", fügte sie hinzu. „Das überlege ich mir noch", erwiderte ich. Für die Zahngeschichte machten wir einen Termin für den 8. Januar um 13 Uhr aus. Ein schicksalsträchtiges Datum wie sich später erweisen würde.

Wir sprachen noch die Narkoserisiken durch. Peter war mit seinen geschätzten 18 Jahren nicht mehr der Jüngste. „Bei dem Alter weiß man nie, doch wir machen eine Schonnarkose", sagte sie. „Okay", antwortete ich, war jedoch nicht sehr beruhigt. Doch sollte Peter ständig Zahnweh haben und leiden?

Peter inspizierte währenddessen die Räumlichkeiten in aller Ruhe, als wäre es das normalste auf der Welt in einer Tierklinik zu sein. Er hatte keine Angst, ich schon. Ich rief meine Freundin Ulrike in München an. Sie kennt Peter schon ewig und hat deshalb auch eine innige Beziehung zu ihm. Und sie kann mit Tieren auf einer höheren Ebene kommunizieren. Ich empfange Informationen in Form von Bildern, doch bin ich mir nie sicher, was von mir selbst stammt und was von Peter. Ich fühlte mich befangen, als ich mit Peter sprach und traute seiner Antwort nicht. So fragte ich Ulrike: „Kannst du dich bitte mal mit Peter in Verbindung setzen und wegen der Zahn-OP und dem Ohr fragen?" Sie verband sich mental mit ihm und rief mich am nächsten Tag zurück.

Nach meinem Anruf bat Ulrike ihrerseits ihre Freundin Regina, sich mit dem Peterle geistig in Verbindung zu setzen. Regina kannte weder Peter noch mich. Das Ergebnis stimmte überein und passte zudem auch noch zu meinem. „Peter sagt, Zähne machen sei ok, doch das Ohr muss nicht unbedingt sein." „Ja", sagte ich „so kam das bei mir auch an." Ulrikes Aussage bestärkte mich, das es gut war, die Zähne zu machen.

In der Tierklinik

Der Tag kam und ich war aufgeregt und angespannt. Peter spürte das auch. Schon am Vorabend gab es die letzte Mahlzeit. Tiere müssen wie Menschen nüchtern sein, wenn es um eine Narkose geht. Nichts zu fressen zu bekommen war schlimm für ihn. Er wurde unruhig. Gar nicht typisch. Er hatte sonst das Gemüt eines Elefanten und ruhte ständig in seiner Mitte. Mein kleiner Freund lief abends immer wieder suchend in die Küche und kam dann mit fragendem Blick zurück zu mir ins Wohnzimmer. Für mich war es schlimm mit anzusehen und ich versuchte ihn etwas zu beruhigen. „Peter, ich weiß", sagte ich. „Doch es wird schon gut werden. Morgen um die Zeit ist alles vorbei". Er sprang zu mir hoch aufs Sofa und wir schmusten ausgiebig. Er schnurrte, ich sprach mit ihm. Dann rollte er sich zusammen, mit den „Pfoten über den Kopf!" und schlief ein.

Morgens waren wir schon früh wach. Peter suchte was zu fressen, doch es gab nichts mehr. Als es Zeit war aufzubrechen ging er wieder unwillig in die Katzenbox. „Es wird schon alles gut werden", wiederholte ich immer wieder. Doch ich hatte ein sehr gemischtes Gefühl. In der Tierklinik durfte ich bei der Zahnoperation dabei sein. Er bekam zwei Backenzähne und einen Eckzahn gezogen. Zudem wurde der

Zahnstein entfernt. Mit der Geschwulst am Ohr sagte ich: „Nein, keine Amputation der Ohrspitze". In einer halben Stunde war alles inklusive Narkose vorbei. „Sie können Peter gegen 16 Uhr abholen", erklärte mir die Tierärztin. Als ich nachmittags kam war Peter schon ziemlich munter und saß in der Box. „Hallo Peter", begrüßte ich ihn und Erleichterung ging in mir durch, als ich ihn sah. Wieder zuhause stieg er mit wackeligen Füßen aus der Katzenbox und schlich um das nicht vorhandene Futter an seinem Fressplatz. „Peter heute gibt es nichts mehr", sagte ich ihm. Ich rief Ulrike und meine Mutter an um zu sagen, dass alles gut gegangen war.

Fieber

Am nächsten Morgen gab es für Peter endlich was zum Fressen - passierte Kost. Er fraß alles und wollte dann raus in die Winterlandschaft. Ab dem Nachmittag rührte er jedoch kein Futter mehr an und trank auch nichts mehr. „Peter, du musst doch Hunger haben", sagte ich. Doch er rührte das frisch angerichtete Futter nicht an. Abends war es auch nicht anders. Erneut begann ich mir Sorgen zu machen. Sein Ohr war sehr heiß. Für mich ein Zeichen, dass er Fieber hatte. Ich hatte mich noch nie über die normale Körpertemperatur bei Katzen informiert. Bis jetzt war es nie nötig gewesen. Ich ging ins Internet und „googelte", so erfuhr ich, dass sie zwischen 37,8°C und 39,2°C liegt. Peter war definitiv nicht fit. Ich bekam Angst und befürchtete, dass er eine Wundinfektion haben könnte. Hatte ich ihm zu früh etwas zu fressen gegeben? Ein Gedankenkarussell fing an. Abends hörte ich ihn zwei Mal

sehr laut schreien. Wie Anfangs schon erwähnt: Peter war ein Kater, der nie einen Mucks von sich gab. Außer er verteidigte sein Revier, dann konnte er schon fauchen und jaulen. Er war also keineswegs stumm.

Ich lief sofort ins Wohnzimmer. Als ich ihn erblickte torkelte er, lief im Kreis, war desorientiert und teilnahmslos. „Hey, was ist los mein Kleiner?", fragte ich, nahm ihn auf den Arm und versuchte ihn zu beruhigen. Ich streichelte und liebkoste ihn. Es war schon zu spät, um in der Tierklinik anzurufen. In dieser Nacht schlief ich kaum. Ich machte ihm ständig seine Zunge mit Wasser feucht, die immer ein Stückchen heraushing, besonders wenn er entspannt war. Er hatte lange nichts getrunken. Ich befürchtete, dass er mir „austrocknet". Mir wurde bewusst, dass ich sehr wenig über die Trinkgewohnheiten von Peter - oder allgemein gesagt - Katzen - wusste, da er ja ein Freigänger war.

Nach endlosen Stunden wurde es hell und wir fuhren in die Klinik. Die Tierärztin schaute sich Peter an, der mittlerweile apathisch im der Katzenbox lag. Seine Pfote wurde rasiert und eine Nadel für eine Infusion gelegt. Die Tierärztin meinte, ich könne ihn am späteren Nachmittag oder gegen Abend wieder abholen. Als ich kam, saß Peter schräg in der Katzenbox. Er gefiel mir gar nicht. Die Tierärztin meinte, er solle besser über Nacht hier an der Infusion bleiben. Ungern willigte ich ein, war noch lange bei Peter, streichelte und sprach mit ihm. Mit einem sehr unguten Gefühl im Bauch fuhr ich nach Hause. Ich erinnerte mich, wie ich Peter kennen lernte und wie er mein Herz eroberte.

Es war damals ein lauer Sommertag. Ich saß mit meiner Nachbarin Maria vor ihrem Haus in der Abendsonne. Die Vögel zwitscherten und wir lauschten. Eine sanfte, warme Brise kam um die Ecke. Und mit ihr kam auch Peter. „Do isch's jo mei Bua'le, der lost sich it vo jedem streichle." (Da ist mein Bub, er lässt sich nicht von jedem streicheln). Maria war damals um die achtzig und wir verstanden uns sehr gut. Peter kam zu mir her und strich mir um die Füße. Da habe ich gespürt, dass er eine besondere Seele ist, irgendwie erhaben. „Das macht er sonst nicht", sagte Maria erstaunt. Ich ließ Peter schnüffeln, während ich mich weiter mit ihr unterhielt. Auf einmal teilte sie mir ihre Sorge mit: „Was wird wohl aus dem "Peterle" werden, wenn ich nicht mehr da bin? Ich antwortete spontan: „Da mach dir mal keine Gedanken. Dann darf Peter bei mir sein und ich versorge ihn, wenn er will."

Einige Jahre später starb Maria und ich hielt mein Versprechen. Peter schlief noch lange Zeit auf ihrer Terrasse und kam nur zum Fressen zu mir. Doch eines Tages entschied er sich, ganz zu mir zu kommen. Das war der Anfang unserer wunderbaren Tierfreundschaft. Der rote Kater wurde zu meinem vierbeinigen Seelenfreund. Ich verbrachte fast sechs Jahre mit ihm, bis er seinen Körper im Februar 2013 verließ. In meinen Augen war er ein Kater mit einer besonderen Ausstrahlung, der die Seele der Menschen berühren und ihr Herz öffnen konnte.

Ich glaube, dass nicht nur der Mensch sondern auch Tiere eine Seele haben, ebenso wie Pflanzen und Steine. Jede Katze, jedes Tier ist unterschiedlich in seinem Wesen und entwickelt eine eigene Persönlichkeit. Die einen sind lebhaft, die anderen ruhiger. Peter war ein sehr einfühlsamer und geduldiger, ruhiger Kater.

Und nun war ich allein, ohne Peter und ich vermisste ihn. Ich betete viel in dieser Nacht, schlief kaum und war froh, als es wieder Tag wurde. Sobald wie möglich rief ich in der Tierklinik an und hoffte auf positive Neuigkeiten. „Als wir heute Morgen kamen, lag er auf der Seite", sagte die Tierpflegerin. „Ich komme gleich", erwiderte ich und fuhr aufgeregt hin. Als ich ihn erblickte, reagierte er überhaupt nicht mehr. Ich war geschockt. Die Tierärztin legte gerade eine neue Infusion mit Schmerzmittel und Antibiotika. Sie meinte, ich solle ihn hierlassen und ging. Ich holte Peter aus der Box heraus und saß mit ihm gute zwei Stunden auf dem kalten Boden, streichelte und redete mit ihm. „Peter, du darfst nicht gehen", sagte ich. „Bitte, bleibe bei mir." Irgendwann machte er eine Bewegung, er verkrampfte sich und schrie wieder zwei Mal. Ich hatte furchtbare Angst und betete immer wieder. Dann entspannte er sich. Zwischendurch sah das Pflegepersonal und die Tierärztin nach uns. "Ich würde Peter gerne mit nach Hause nehmen", sagte ich letztlich. Sie sprach mit dem Chef der Tierklinik und kam kurze Zeit später mit dessen Einverständnis zurück. Ausgestattet mit allem was nötig war um eine Infusion zu spülen, fuhr ich mit Peterle nach Hause. „Die Infusion soll sehr langsam hineinlaufen, so dass sie bis zum nächsten Morgen reicht", erklärte mir noch die Tierärztin.

Peter bekam sein Bett auf der am Boden liegenden Matratze im Wohnzimmer. Vorsichtig legte ich ihn nieder. Peter rührte sich nicht, atmete oberflächlich und ganz leise. Seine Ohren waren noch sehr heiß. Die Temperatur hatte gestern in der Klinik bei knapp 40 Grad gelegen. Ich setzte mich zu ihm, streichelte ihn, sprach mit ihm. Ich ließ ihn den ganzen Tag nicht aus den Augen. Meiner Nachbarin Silvia sagte ich Bescheid was mit Peter los war. Sie half Peter und mir in der kommenden Zeit viel, unter anderem mit Energiearbeit, indem sie ihm die Hände auflegte. Das war sehr wohltuend für Peter.

> Liebe kann man sich nicht erbetteln; man erhält sie von einem anderen nur als ein Geschenk des Herzens.
>
> Paramahamsa Yogananda

Glaube, Geduld und Gebete

Peters Zustand war äußerst ernst. Ich fuhr nun täglich mit ihm in die Klinik. Die Tierärztin machte mir sehr wenig Hoffnung und hätte ihn am liebsten eingeschläfert. Sie sagte es nicht, doch ich sah es ihr an. Ich wollte jedoch nicht aufgeben. Er bekam eine neue Infusionsflasche und ich bekam noch ein Intensiv-Futter mit nach Hause, falls mein kleiner Freund etwas zu sich nehmen wollte. Die Tierärztin erklärte: „Verdünnen Sie das Futter mit Wasser und füllen Sie es in eine Spritze. Dann können Sie es in seine Backe einflößen." „Verstanden", sagte ich und fuhr anschließend mit Peter zu meiner Mutter die nicht weit weg wohnt und auch sehr besorgt um Peter war. Er lag sehr schwach und matt im Katzenkorb.

Im Laufe des Tages beobachtete ich jede Regung meines sonst so munteren Freundes. Nachmittags begann sein Ohr ganz leicht zu wackeln. Etwas später versuchte er ab und zu seine Pfote zu bewegen. Es schien als kratze er sich an seinem Verband. „Hey Peter, das ist schön, das du dich endlich mal

Der Ruf der Quelle

Kehr zurück –
hör den Ruf der Quelle in dir,
und erkenne ihn in allem, was auf deinem Weg liegt.
Ehre und Achtung vor allen Mitgeschöpfen auf
diesem Planeten,das ist der Weg zum Licht der Seele,
zu den Tiergeistern, welche seit Anbeginn der Zeit
mit uns wandern,uns führen, uns nähren und
uns lehren.
Höre den Ruf der Quelle in dir.

Frei wie ein Adler,
schlau wie ein Fuchs,
zart wie ein Schmetterling,
stark und mutig wie ein Löwe,
beschützend und kraftvoll wie ein Bär,
fleißig wie eine Biene,
weise wie eine Eule,
mächtig wie eine Schlange,
treu wie ein Hund,
ungebunden und frei wie eine Katze ...
Inmitten dieser Fülle hast du deinen Weg begonnen,
den Tanz der vier heiligen Wege
und der vielen Zwischenrichtungen des Lebens,
den Weg der Erde, den Weg des Himmels und
den Weg der Mitte in dir.
Lausche dem Lied, welches das Leben dir bringt,
finde den Weg zurück zur Sprache der Seele,
die mit allem kommuniziert.
Höre den Ruf der Quelle in dir.
Geben und Nehmen,
der große Kreislauf bringt alles wieder,
wieder, wieder und wieder, und so haben wir
unendliche Chancen.Öffne deine inneren Sinne,
denn alles ist bereits in dir.
Höre den Ruf der Quelle in dir.

(Ursprung unbekannt)

wieder bemerkbar machst. Da wo die Nadel ist, juckt's dich wahrscheinlich unterm Verband", sagte ich zu ihm und freute mich über diese winzige Regung. Ich drehte und wendete ihn häufiger, damit seine Glieder nicht einschliefen. Ich legte ihn trocken, wenn er Wasser ließ und war jedes Mal froh, wenn das geschah. Das war für mich ein Zeichen, dass die Nieren arbeiteten. Ich war ständig in Kontakt mit Ulrike und meiner Mutter und hielt sie auf dem Laufenden.

Tage zuvor rief ich Robert an und teilte ihm mit, wie gut Peter die Zahngeschichte überstanden hatte. Robert ist Marias Sohn und hatte auch eine besondere Beziehung zu Peter, genauso wie seine Schwester Karola. Beide würden sich keine Katzen im eigenen Heim halten, doch Peter mochten sie sehr. Er schaffte es, ihnen das Herz vor langer, langer Zeit zu öffnen. Karola sagte: „Peter ist der einzige Kater, den ich je streichelte." Nun teilte ich ihnen die dramatische Wendung mit.

Ich schickte Peter während dieser Zeit immer viel Licht und Liebe und betete viel. Ich massierte ihn und strich ihm die krankmachende Energie aus. Ich versuchte immer wieder mit der Spritze etwas verdünntes Futter einzuflößen. Erfolglos, er nahm nichts zu sich. Ich befeuchtete seine Zunge und Gaumen immer wieder mit Wasser, sodass sie nicht austrockneten, redete sehr viel mit ihm und schickte ihm gedanklich schöne Frühlingsbilder. So sendete ich ihm zum Beispiel ein Bild wie er draußen in seinem Korbsessel liegt und die Sonne seinen Pelz in der Mittagssonne erwärmt. Als ich mit Ulrike telefonierte, erzählte sie mir, dass sie heute Bilder von Peter erhalten habe. Sie sah, wie er sich reckte und gähnte und seinen Hinterfuß ausstreckte. Noch wusste ich nicht, dass diese Bilder später Wirklichkeit werden sollten. Und so begann es, dass Peter uns auf diese Weise immer wieder neue Mitteilungen schickte.

Jetzt, da Peter an der Infusion hing, schlief ich bei ihm im Wohnzimmer auf der Matratze am Boden. Früher schlief er meistens bei mir im Bett. Bevor Peter sich vor Jahren langsam dort einschlich, konnte ich mir nicht vorstellen, dass je eine Katze bei mir im Bett schlafen würde. Er nützte die Gelegenheit erst am Fußende des Bettes und arbeitete sich heimlich hoch zu seinem Lieblingsplatz auf meiner Brust. Das kennen sicherlich viele Katzenliebhaber. Dann kamen die Kraul- und Schmuseeinheiten, und er schnurrte dabei wohlig. Irgendwann machte er es sich immer in meinen Armen bequem und so schliefen wir ein. Während der Nacht hatten wir fast ständig Verbindung miteinander und sei es nur, dass seine Pfote meinen Arm berührte.

Es war Sonntag gegen Mittag und ich hatte das Gefühl, dass Peter große Schmerzen und immer noch Fieber hatte. Ich nahm Kontakt mit dem diensthabenden Tierarzt der Klinik auf, er füllte mir ein schmerz- und fiebersenkendes Mittel in einer Spritze ab, das ich abholte und ihm verabreichte. Als wir so auf der Matratze lagen kam mir an diesem Nachmittag ein Gedanke: Räuchern. Ich könnte mit weißem Salbei räuchern. Gedacht, getan. Ich holte ein paar getrocknete Blätter, die ich daheim hatte und reinigte „mei Buale" und mich mit dem weißen Salbei. Dabei strich ich immer wieder die „negative" Energie aus ihm heraus.

Beim weißen Salbei handelt es sich um eine alte Heilpflanze, die in Nordamerika beheimatet ist. Sie ist bekannt dafür, dass sein Rauch Körper, Geist und Seele reinigt und „Negatives" vertreibt. Er verströmt Geborgenheit, Liebe und Licht. Erste Bekanntschaft machte ich mit dem weißen Salbei auf Hawaii. Ich war damals bei einer einheimischen Familie zu einer Schwitzhütte eingeladen. Ein Schamane setzte den Salbei bei einer Zeremonie ein, um uns von „negativen" Energien zu reinigen, bevor wir die Schwitzhütte betreten durften.

Erste Gehversuche

Gleich früh morgens waren wir bei der Tierärztin, um die Infusion zu erneuern. Ich fragte sie, wie lange Peter diesen Zustand ohne Fressen aushalten würde, denn er magerte sichtlich ab. Das zu sehen, tat mir in der Seele weh. Sie beruhigte mich und sagte, durch die Flüssigkeitszufuhr bräuchte ich mir keine Sorgen zu machen. Sie hatte schon Katzen die zehn Tage und länger nur durch die Infusion überlebt hätten.

Tagsüber versuchte ich Peter immer wieder mit der Spritze und dem Spezialfutter zu füttern. Milliliter für Milliliter. Auf diese Weise fraß er vielleicht zwei Teelöffel. Am Spätnachmittag versuchte er, sich mit den Vorderpfoten aufzustemmen. Zwei Stunden später konnte sich mein Freund unsicher hochstemmen und probierte sogar aufzustehen. Das klappte jedoch noch nicht. Er war einfach zu schwach und die Aktion kostete ihm enorme Kraft. Er schlief bald darauf wieder ein.

Schlafen, das hat Peter übrigens auch sonst viel getan. Wie Katzen im Allgemeinen ja viel schlafen. Gewöhnlich

im gesunden Zustand je nach Alter sogar bis zu 16 Stunden am Tag. Doch das erstaunliche ist, dass sie bei drohender Gefahr blitzschnell wach werden.

Ulrike erzählte ich abends die Neuigkeiten des Tages. Peter nahm während dieser Zeit auch immer wieder Kontakt mit uns auf und sendete zukunftsweisende Bilder, über die wir uns unterhielten.

„Ich sah, dass Peter viel Wärme will und frische Luft", sagte Ulrike, oder „Ich sah ihn vor der Terrassentür sitzen, wie er hinaus ins Freie schaut", oder „Ich habe ihn wackeligen Schrittes Richtung Küche laufen sehen", oder „Ich sah, wie er aus dem Schälchen frisst". All diese Bilder sollten sich verwirklichen und ich habe sie fotografisch festgehalten.

Als sie sich später mit Peter wieder auf einer „höheren Ebene" verband, hatte sie folgende Vision: „Ich sah die Wirbelsäule von Peter und folgte ihr bis zum Kopf. Da öffnete sich der Kopfbereich wie ein Reißverschluss. Ich konnte virtuell irgendwas Schwarzes aus Peters Kopf ziehen. Dann fing dieses „Etwas" zu stocken an und ich wusste, dass ich nicht weiter ziehen durfte. So schnitt ich das „Etwas" ab und entfernte es aus Peters Kopf", erzählte sie.

Peter frisst wieder

Am nächsten Morgen stellte ich fest, dass Peters Ohren eine normale Temperatur hatten. Es folgte die schon zur Gewohnheit gewordene Fahrt zur Tierklinik. Ich berichtete der Tierärztin über die Fortschritte und sie schien zufrieden zu sein. Sie hatte Peter Fieber gemessen und bestätigte meinen Ohrentest. 37,4 Grad - Normaltemperatur. Er bekam seine übliche Infusion und ich fragte die Tierärztin, ob sie Katzenmilch hätte. Ich bekam etwas Trockenmilch mit, die ich zu Hause mit Wasser aufbereiten konnte. Peter war zu gesunden Zeiten ganz gierig auf Katzenmilch, denn die gab es fast nur zu Feiertagen. Ich hoffte, ihn damit locken zu können, damit er mehr trinken möge. Doch Pech gehabt, Peter mochte diese Katzenmilch nicht.

Mittags traute ich meinen Augen nicht. Gierig fraß Peter plötzlich das Futter aus der Spritze und verschluckte sich dabei fast gänzlich. Ich versuchte es mit Teller und Finger und es klappte. Insgesamt fraß er ein ganzes 100-Gramm Schälchen des Aufbaufutters. Dann versuchte er aufzustehen und erste Gehversuche zu machen. Er stürzte jedoch mit seinem sehr geschwächten Körper immer wieder. Ermüdet fiel er in den wohlverdienten Mittagsschlaf. Als er aufwachte war er erneut hungrig und fraß wieder ein ganzes 100 Gramm-Schälchen.

Damit mein Peter seine Gehversuche weiter üben konnte, stöpselte ich die Infusion ab. Ich stützte ihn und wenig später lief er auf der Matratze. Zum krönenden Abschluss war seine Neugier geweckt und er wackelte mit meiner Hilfe in die Küche und zurück. Das mentale Bild das Peter zuvor an Ulrike geschickt hatte wurde Wirklichkeit! Einfach himmlisch! Groggy von der Anstrengung schlief er prompt ein.

Arbeiten – FrEssen – Arbeiten – FrEssen – Arbeiten – FrEssen, wer da nicht umfällt vor Müdigkeit.

Ich war überglücklich und erzählte diese Neuigkeiten Ulrike und meiner Mutter. Hatte diese Wendung etwas mit der gestrigen, virtuellen Operation von Ulrike zu tun? Oder alles nur Zufall? Doch wie heißt es so schön, es gibt keine Zufälle. Diese Wendung an einem einzigen Tag fand ich faszinierend. Silvia kam heute auch noch vorbei, streichelte und verwöhnte Peter und legte ihre Hände auf. Das tat ihm wieder sichtlich gut.

Während Peter und ich in der Wohnung waren, schien die Sonne durch die Fenster des Wohnzimmers auf die Matratze, auf der mein sanftmütiger Freund selig schlief. Draußen herrschten trotz Sonne und strahlendblauem Himmel eisige Minustemperaturen bei einer grandiosen Winterlandschaft. Beim nächsten Telefonat sagte Ulrike: „Erika ich empfing grad ein Bild von Peter, wie er hinausging und ganz tief frische Luft einatmete". Eine Information, die wir gleich in die Tat umsetzten, indem ich das Fenster öffnete und Peter dick in die Decke gehüllt

diese frische Luft einatmen ließ. Solche Wünsche konnten spontan erfüllt werden.

Wir unterhielten uns über dieses und jenes und unter anderem, wie Peter als junger Kater zu ihrer Familie fand. „Peter saß plötzlich eines Tages im Garten und blieb", begann sie. „Er ist buchstäblich aus dem Nichts aufgetaucht und war zu Beginn sehr scheu. Doch von mir hat er sich von

Anfang an streicheln lassen. Wir hatten damals bereits eine Katze namens Mimi. Die beiden vertrugen sich gut. Peter gefiel es scheinbar bei uns, denn immer öfters holte er sich Futter aus der Wohnung. Er war ein extrem guter Mäusefänger. Stundenlang konnte man den damals kleinen, roten Kater auf dem Feld beobachten, bei jedem Wetter, egal ob es regnete oder stürmte. Er war unermüdlich und das blieb auch sein ganzes Leben so. Vögel interessierten Peter nie. Zumindest wurde er nie mit einem gesehen. Mit der Zeit erfuhren wir, dass Peter ein Hofkater aus dem Nachbardorf war. Der Halbwüchsige wurde vom alten Hofkater nicht mehr akzeptiert und vertrieben", erzählt Ulrike weiter. „Ja, und da er so stetig ums Überleben kämpfen musste, hatte er anfänglich auch keinen Spieltrieb. Erst als ich mich mit ihm beschäftigt habe. Es dauerte lange bis er mit dem Stecken mitspielte den ich ihm immer vor die Nase hielt und sich daran erfreute. Irgendwann ist er dann vor Begeisterung richtig durchgedreht, sein Schwanz wurde bei dem Spiel ganz buschig."

Ich konnte Ulrike durchs Telefon schmunzeln sehen, als sie das mit fröhlicher Stimme erzählte. „Peter wurde zu einem kleinen, raffinierten Kerl, der die Herzen von Menschen scheinbar im Schlaf eroberte. Eines Tages als mein Vater Mittagsschlaf hielt, schmeichelte sich Peter bei ihm ein, indem er sich zu ihm legte. So hat der Vater sich erbarmt noch eine zweite Katze aufzunehmen. Ein anderes Mal hat er Pellkartoffeln mit Butter vom Teller meines Vater bei Tisch stibitzt. Papa schmunzelte und hat ihm auch das verziehen. Ja, so hat er Menschenherzen geöffnet durch seine na ja,

„Unaufdringlichkeit", erinnerte sich Ulrike. „Katzen lassen sich ja von Haus aus nicht unterordnen. Das musste auch meine Mutter lernen. Sie hatte ihre Vorstellungen und wollte nur allzu gern, dass Peter ein Schmusetiger werden sollte. Doch er hat diese Spielchen nicht mitgemacht. Er kam, fraß, ging wieder und ließ sich nur dann länger streicheln wenn er wollte. D´Bua hatte sich nie in irgendwelche Normen hineinpressen lassen. Er hatte einen zu starken Freiheitsdrang. Mit der Zeit wurde s´Peterle ein Familienmitglied. Auch die Herzen meiner Geschwister eroberte er heimlich als sie zu Besuch kamen. Ab und zu versuchte meine Mutter ihren Peter mit Baldriantropfen zum bleiben zu überlisten. Erfolgreich, denn Katzen können diesem Geruch nicht widerstehen", erzählte sie abschließend über Peters Jugendjahre.

Fast über`m Berg

Unsere tägliche Spazierfahrt zur Tierklinik machte Peter nichts mehr aus. Er war gelassen in seiner Art wie er es auch schon früher war. Die Tierärztin gab ihm die übliche Infusion und war mit ihm zufrieden. Bald schien er über´m Berg zu sein. Ich beobachtete ihn in dieser Zeit natürlich sehr genau. Keine Regung entging mir. Ich war die ganze Zeit bei ihm. Andere Menschen nennen das vielleicht Intensiv-Pflege, oder viel Arbeit, ich nenne es ganz einfach LIEBE. Ich wünschte mir nichts sehnlicher, als dass Peter gesunde. Ich spürte so eine tiefe Verbindung zu ihm.

> Menschen zu finden, die mit uns fühlen und empfinden, ist wohl das schönste Glück auf Erden.
>
> Carl Spitteler

Doch nun war sein Bauch sooo dick und ich begann mir wieder Sorgen zu machen. Seit er zu fressen angefangen hatte, hatte er noch keinen Stuhlgang. Nie hatte ich früher einen Gedanken daran verschwendet, wie oft und wie viel so eine Katze denn ausscheidet. Geschweige denn, wann nach der letzten Mahlzeit der erste Verdauungsprozess durch ist. Diese Fragen tauchten jetzt alle vor meinem geistigen Auge auf. Ich begann erneut im Internet nach Antworten zu suchen. Ohne erdenklichen Erfolg. So verließ ich mich auf meine Intuition und versuchte im Vertrauen zu bleiben, was mir vor lauter Sorge nicht ganz gelang. „Peter, was oben reinkommt, muss ja zwangsläufig wieder irgendwann unten raus. Oder?" Außer....Darmverschluss! Oh, nein. Diese blöden Gedanken. Angst schlich in mir empor und endeten in quälenden Hirngespinsten. Ich hoffte inständig, dass Peter keine Darmlähmung durch die Narkose hatte oder einen Darmverschluss. Ich war ja keine Katzen-Expertin. Ich fragte mich, wie könnte ich Peters Darm wieder in Gang bringen? Vielleicht mit Kuhmilch? Das vertragen Katzen ja nur bedingt und bekommen oft Durchfall, wenn sie zu viel davon Trinken. Soviel ich weiß, vertragen Katzen keine Lactulose (Milchzucker). Ich beriet mich mit Freunden, die sich mit Tieren auskennen. Suchte Bestätigung, Beratung und Unterstützung.

Wie viel trinkt eine Katze?

„Peter frisst jetzt, hat jedoch keinen Stuhlgang", erzählte ich ziemlich besorgt der Tierärztin bei nächsten Rendezvous. „Wir könnten ihm diesbezüglich ein Miniklistier (Einlauf) geben", meinte sie. Gesagt, getan. S'Peterle ließ es ohne sich groß zu regen über sich ergehen. Er war heute etwas neugierig und wollte aus dem Katzenkorb. Eine halbe Stunde nach Verabreichung schied er zwei sehr harte „Stuhlbröckel" aus. Die Infusionsgabe wurde heute beendet, und so zog die Tierärztin die Nadel. Peter freute sich über die neu gewonnene Freiheit. Nun musste ich schauen, dass s'Peterle genügend Flüssigkeit zu sich nahm. Doch wie viel trinkt mein Kater eigentlich? Und was ist überhaupt normal bei Katzen in dieser Hinsicht? Fragen, auf die ich keine Antwort hatte, da Peter sich früher meist draußen mit Wasser versorgte.

Bei meiner Mutter stieg Peter heute erstmals selbständig aus dem Katzenkorb und lief auf dem Teppichboden. Obwohl er noch recht unsicher war, hatte er guten Halt und konnte auf dem Teppich nicht wegrutschen. Dann wagte er sich im Wohnzimmer sprichwörtlich aufs Parkett. Das war eine Herausforderung ohne Gleichen. Er rutschte, eierte, und fiel. Nach kurzer

Zeit hatte er auch diese Bodenbeschaffenheit raus und lief langsamen und vorsichtigen Schrittes darauf herum. Ich hatte das Gefühl, dass Peter den rechten Hinterfuß etwas nach sich zog, oder nicht so viel Kraft drin war. Nach dieser „Physiotherapie" und einem Happen zum Fressen, schlief er ein. Am späten Nachmittag fuhren wir wieder nach Hause. Er hatte keinen Stuhlgang mehr bis Freitagmorgen. Meine Sorge war nach wie vor sehr groß.

Unglaubliche Entwicklungen

Um 5 Uhr morgens waren wir beide wach. Wie eine besorgte Mutter um ihr Kind, schlief ich äußerst schlecht. Träume quälten mich zusätzlich. „Peter, hast du denn keinen Durst?", fragte ich ihn. Ich versuchte ihm etwas Wasser über die Spritze einzuflößen, denn selbständig trank er noch nicht. Sein Bauch wurde immer dicker, doch Gott sei Dank fühlte er sich weich an. Aber Peter stand nicht mehr auf! Er blieb einfach liegen und schaute mich müde an. Ich hatte erneut furchtbare Angst um ihn und war wie gelähmt. Wollte doch nichts verkehrt machen. Um neun Uhr fuhren wir wie üblich in die Tierklinik. Ich erzählte meine Sorgen. „Wir könnten eine Schnellinfusion machen", sagte die Tierärztin. Ich stimmte zu. Ein halber Liter Flüssigkeit floss so in zehn bis fünfzehn Minuten in ihn hinein. Erst ein Teil in die rechte Bauchseite, dann Wechsel und die andere Hälfte auf die linke Seite. Ich glaube die Tierärztin sah meinen skeptischen Blick und ergänzte. „Die Flüssigkeit wird langsam vom Gewebe resorbiert", erklärte sie mir. „Nun brauchen Sie sich keine Sorgen machen, dass Peter zu wenig Flüssigkeit

bekommt". Er sah nun irgendwie aus wie ein „Hängebauchschwein".
Daneben flößte sie ihm Lactulose mit einer Spritze in die Backe ein. Das sollte ich zwei Mal täglich, morgens und abends wiederholen. „Die Lactulose bewirkt, dass der Darm mehr Flüssigkeit „anzieht" und der Stuhl nicht so hart wird", erklärte mir die Tierärztin. Peter war ganz gierig auf das süßlich-klebrige Zeug.

Zum Schluss unseres Klinikbesuches verabreichte sie ihm noch einmal ein Miniklistier und die Antibiotikaspritze. Peter hatte eine Eselsgeduld und ließ alles geschehen. Am Ende der Behandlung begann er auf dem Tisch der Tierärztin leicht und vorsichtig aufzustehen und zu laufen. „So schlecht schaut's gar nicht aus", meinte sie. Ein leichtes Glücksgefühl überkam mich. Wir machten einen neuen Termin für den nächsten Vormittag aus. Den Katzenkorb ließ ich auf der Heimfahrt offen, da Peter sich nicht groß bewegte. Doch auf einmal tastete sich langsam seine Pfote zu mir herüber. „Ich freue mich so", sagte ich zu Peter.

Zu Hause stellte ich den Katzenkorb auf den Küchenboden und wartete bis er selbständig aufstand. Es dauerte nicht lange, da erhob er sich. Sehr, sehr langsam lief er wackeligen Schrittes im Kreis herum. Die Kreise waren erst klein, wurden mit der Zeit immer größer. Ich saß auf dem Küchenboden, redete mit ihm und schaute ihm dabei zu. Draußen schien die Sonne bei minus zehn Grad. Peter setzte sich vor die Terrassentüre und sah hinaus. Ein Bild, das Ulrike zuvor empfangen hatte wurde erneut Wirklichkeit. Ich öffnete die Tür und Peter stolperte ganz langsam hinaus. Auf der Treppenstufe konnte er dann wirklich ein richtig „großes Geschäft" machen. Ich war sehr erleichtert darüber. Ich hätte nie gedacht, dass ich mich mal so über einen „Katzenstinker" freuen würde.

Peter lief ein kleines Stück draußen im Schnee spazieren und inspizierte anschließend bei mir drinnen noch alle Räume, wobei er oft und lange in den Ecken sitzenblieb. Als Ulrike und ich uns später austauschten, erzählte ich ihr davon.

„Vielleicht will er einen Rückzugsort, vielleicht einen Katzenkorb?", meinte sie. Interessant, denn sie wusste nicht, dass ich grad eine „Stoffkatzenbehausung in Pyramidenform und Tigerlook" geschenkt bekommen hatte, die noch auf der Terrasse zum auslüften stand. Ich holte sie unmittelbar rein. Peter machte jedoch keine Anstalten das Ding anzuschauen, geschweige denn hineinzugehen, auch nicht als ich ein Kleidungsstück von mir hineinlegte um den Geruch von mir hinzubekommen. Anscheinend mochte er es nicht. „Es könnte auch sein, dass er dir mitteilen will, dass du deine seelischen, eingestaubten, alten Ecken anschauen sollst", meinte sie. „Ok, könnte auch sein", sagte ich zu ihr und zu Peter. „Wo du recht hast, hast du recht". Nachdem sich Peter an diesem Morgen nicht mehr gerührt hatte, konnte ich nun einen leichten Freudenschrei ausrufen: „Yes you can", jubilierte ich, erst recht als er abends in die Küche tapste und selbständig seinen alten Futterplatz aufsuchte.

Alte Erinnerungen kamen hoch. Ich sah Peter wie er mich stets nach der Arbeit begrüßte. Er wartete sichtlich schon auf mich. Auch das kennen Sie liebe Leser und Leserinnen sicherlich von ihrem eigenen lieben Stubentiger und unabhängigem Katzenfreund. Sie sind schon lange da und warten auf uns, bevor wir zu Hause ankommen. Ich erinnerte mich an seine Lieblingsplätze. Einer war auf dem Dach der Garage mit dem herrlichen Ausblick und kühlendem Schatten vom angrenzenden Strauch. Ein anderer im kuscheligen, hohen Gras aus dessen Versteck er alles sehen konnte, er aber nicht entdeckt wurde. Bilder wie er unterm Magnolienbaum oder im Buchsbaum lag oder gemächlich durch die Landschaft schlich. Wie er einer anderen Katze die Maus abluchste, oder selbst auf dem Feld saß und mit Engelsgeduld wartete, bis sich schließlich die Beute näherte und er sie blitzschnell fing und verschlang. Oder wie er seine Kuscheleinheiten abholte und mich so zum sitzenbleiben zwang, indem er

in sein Futter und stieß einmal an ein Schränkchen. Dann zwängte er sich durch den weißen Salbei, der beim Rosmarinstrauch stand. Da der Salbei wie schon erwähnt für Reinigung bekannt ist, empfand ich diese Aktion als gut.

Dann richteten wir uns für den Tierarzt-Termin. Sie war begeistert als ich ihr die letzten 24 Stunden erzählte. „Ach ja, nachts pinkelt Peter immer", sagte ich. „Das ist gut", meinte sie. Mein kleiner Freund bekam heute das letzte Mal Antibiotika gespritzt und noch einmal eine Schnellinfusion. Ich solle Montag oder Dienstag mal anrufen und sagen wie es ihm geht.

Die Tierärztin war jetzt sehr zuversichtlich und meinte wir bräuchten wahrscheinlich nicht mehr kommen. Sie machte noch einen Augencheck, da ich Bedenken äußerte, dass Peter vielleicht nicht so gut sieht. So ließ sie ein Stück Watte vor seiner Nase runterfallen um die Reaktion zu testen und checkte seine Pupillen. „Etwas verlangsamt, aber er sieht", entgegnete sie. Erleichterung in mir. Anschließend fuhr ich mit Peter glücklich zu meiner Mam. D'Bua war neugierig und inspizierte ihre ganze Wohnung. Nach dem Mittagsmahl schlief er den ganzen Nachmittag. Ich hatte mir während dieser Zeit angewöhnt auf Essenszeiten zu achten. So gab es um fünf Uhr „Abendbrot" für Peter. Danach fuhren wir heim, wo s'Peterle bald einschlief.

Ich rief freudig noch Ulrike und Gudrun an und berichtete über die Erfolge. Ulrike erzählte mir, dass sie heute Bilder von Peter empfangen hatte, wie er selbstsicherer auf den Beinen ist und der Rechtsdrall nachlässt und wie er selbständig aufs Katzenklo geht. Diese Vision sollte sich am nächsten Tag bestätigen.

auf meinen Schoß sprang und Streicheleinheiten wollte. Wer kann schon einer schnurrenden Katze widerstehen? Ich nicht, damit zwang er mich auch etwas zur Ruhe, damit ich nicht gleich weiterarbeitete wenn ich nach Hause kam. Ja, ich hoffte, dass ich solche Situationen nochmal mit ihm erleben durfte.

Peter ist über dem Berg

Als wir um 7 Uhr aufstanden gab ich Peter erst mal die Lactulose. „Das Zeug muss dir wirklich gut schmecken", sagte ich zu Peter, denn er riss sein Maul gierig auf und wollte den Inhalt samt Spritze auf einmal verschlingen.

Das wollte ich genau wissen und tat etwas auf meinen Finger und probierte es. Ja, wirklich sehr süß. Nachdem Peter gefrühstückt hatte folgte ein Morgenspaziergang im Schnee vor dem Haus. Nach zehn Minuten ging ich wieder mit ihm rein, denn es war immer noch sehr eisig draußen wie die ganzen letzten Tage. Er sollte sich ja nicht unterkühlen. In der Küche lief Peter wieder im Kreis. Er stapfte durch das Blumenwasser, trat

> Alles in der Welt ist zweifach.
> Unser Geist hat eine gute und
> eine böse Seite. Mit unseren
> Augen sehen wir Schönes und
> Hässliches.... Wir haben eine rechte
> Hand, die Schläge austeilt und viel
> Übles tut, eine linke Hand voller
> Liebe, die nah beim Herzen ist.
> Ein Fuß kann uns auf den falschen
> Pfad führen, der andere zum
> Guten.
> Und so hat alles zwei Seiten.
>
> Häuptling Eagle
> (Letakots-Lesa, Ende 19. Jh.)

Visionen bestätigen sich

Morgens hatte Peter erstmals Katzenmilch aus einem kleinen Deckel geschlabbert. Es machte mir Freude zu sehen, dass es ihm schmeckte und wie er jeden Tag Fortschritte machte. Das Intensiv-Futter mischte ich jetzt langsam mit Normalfutter. Peter fraß alles auf.

Anschließend wollte er wieder hinaus. Gemeinsam liefen wir durch den Schnee ums halbe Haus herum bis zur Garage. Im Schnee hatte er guten Halt beim Laufen, aber auch drinnen war er viel sicherer, als er in der Küche und im Flur herumlief. Immer noch blieb er lange an den Ecken stehen, als vergewissere er sich und wolle sich den Weg einprägen.

Dann schlief er bis mittags. Um 13 Uhr gab's bei meiner Mutter das gleiche Futtergemisch wie am Morgen. Er verschlang alles. Wir waren begeistert. Und dann lief er lange durch die Wohnung und inspizierte sie gründlich, bevor er seinen Mittagsschlaf abhielt.

Gegen halb drei wachte er auf und lief erneut in der Wohnung umher. Er war heute wirklich für seine Verhältnisse sehr lebendig. Und er wirkte heute auch bei meiner Mutter viel selbstsicherer beim Herumlaufen auf dem Teppich und dem Parkett. Ulrikes Bilder von gestern wurden somit wieder bestätigt.

Anschließend wurde er mit Katzenmilch aus der Spritze belohnt, die er gierig aufnahm. Dann schlief er wieder ein. Gegen 17 Uhr hatte Peter seine dritte Futterration bekommen und sehr gut vom Teller gefressen, ohne dass er erst am Finger probieren musste. Meine Mutter und ich machten noch gemeinsam Brotzeit, bevor ich mit Peter nach Hause fuhr. Peter ließ während der Autofahrt nochmal unkontrolliert Wasser. Daheim bekam er wieder seine Lactulose, auf die er so gierig war. Gegen 19 Uhr döste er bereits, wachte noch einmal kurz auf, und schlief weiter bis zum nächsten Morgen.

Viele erste Male

Peter und ich standen heute gemeinsam auf, wie früher. Das Ausstrecken seiner Vorderpfoten und das Dehnen eines Körpers nach dem Schlaf fehlten zwar noch, doch war ich mir sicher, dass auch das mit der Zeit wieder kam. Er lief etwas durch die Stube und setzte sich dann in eine Ecke.

Ich schaute, was er denn jetzt wohl tun würde. Er nahm „Haltung" an bieselte und machte richtig großen Stuhlgang, was jetzt auch reibungslos klappte. Das hat mich sehr gefreut. Zu diesem Zeitpunkt war es mir nicht wichtig, ob er in die Katzenkiste ging. Es war wunderbar, dass seine Organe,

d.h. Nieren und Darm arbeiteten. Erstmals hatte er das Wasser bis zum Morgen wieder gehalten. Das waren echte Fortschritte.

Anschließend gab es Frühstück für ihn. Langsam wollte ich auf normales Nassfutter umstellen, so mischte ich das Intensivfutter mit dem herkömmlichen Katzenfutter. Peter fraß bei mir auf dem Schoß vom Teller alles auf. Er leckte sich mit der Zunge erstmals das Mäulchen. Schlief dann selig bis mittags. Er hatte währenddessen doch noch einmal unkontrolliert Wasser gelassen. Um 12 Uhr gab es wieder was zu Fressen. Der Teller war schnell leer. Nun überkam ihn der Bewegungsdrang. Erst ging's durch die ganze Wohnung und dann wollte er hinaus in die Natur. Wir liefen heute rechts herum ums Haus. Eine Dreiviertel Hausrunde – immer an der Wand lang. Er hatte dann im Schnee erneut uriniert und einen kleinen „Stinker" gemacht. Ebenfalls ein Bild, das Ulrike zuvor von Peter empfangen hatte. Insgesamt waren wir um die 20 Minuten draußen. Es herrschten immer noch frostige Temperaturen und ich wollte

ihn nicht länger draußen lassen. Er war doch noch ziemlich geschwächt und ich hatte Angst, dass er sich unterkühlen könne.

Peter sendete Bilder, dass er es gerne warm hätte und so wickelte ich ihn in diesen Tagen des Öfteren in eine Decke und setzte ihn draußen für eine kurze Weile in die Sonne. So konnte sie seinen Pelz wärmen und er zugleich etwas frische Luft atmen und draußen dösen.

Später an diesem Tag streichelte ich Peter wie üblich auf meinem Schoß und dann, ganz leise, fing er zu Schnurren an. Welch ein Glücksgefühl für mich. Das erste Mal wieder nach so langer Zeit. So gab es heute sehr viele erste Male. Auch abends fraß er normal und schleckte seinen Teller sauber aus, dann schlief er wohlig ein. Die nächsten Tage pendelte sich sein Tagesrhythmus ein und er wurde selbstsicherer und bewegte sich jetzt immer mehr, wobei der rechte Fuß immer noch nicht so kräftig schien, denn er rutschte diesbezüglich auf glatten Böden immer wieder mal aus. Beim Verwöhnen mit Streicheleinheiten wurde ich jetzt stets mit ausgiebigem Schnurren belohnt. Auf homöopathischer Ebene bekam ich den Rat zusätzlich mit Globuli zu arbeiten. So besorgte ich mir „Carbo vegetabilis D 12". Davon sollte er 3x 3 Globuli eine Woche lang nehmen. Das sei, damit er wieder besser auf die Füße komme.

Ein letztes Mal in der Tierklinik

Heute war ich mit Peter das letzte Mal in der Tierklinik. Die Tierärztin war begeistert. „Das hätte ich nicht gedacht", meinte sie. „So wie er damals dalag, hätte ich ihn am liebsten eingeschläfert. Doch ihre Liebe und intensive Pflege haben geholfen", sagte sie. „Ihre auch", erwiderte ich. Und die unglaublich intensive Energiearbeit von vielen helfenden Menschen in dieser Zeit. Ich freute mich sehr. „Was könnten wir dem Kleinen denn zum Abschluss noch Gutes tun?", fragte die Tierärztin. Sie holte Immuntabletten zur Stärkung. Wir beide fuhren zu meiner Mutter, die uns wie üblich schon innig erwartete. Er lief wieder neugierig in der Wohnung herum und fühlte sich sichtlich wohl.

Als sich Ulrike heute mit Peter mental verband, empfing sie ein seltsames Bild von Peter. „Peter sagt, das Katzenstreu in der Kiste sei ihm zu „trocken". „Was soll das bedeuten?", fragte ich, „er geht doch mittlerweile hinein". Ich verstand die Bedeutung nicht und konnte nichts damit anfangen. So ließen wir dieses Bild einfach mal so stehen. Zu einem späteren Zeitpunkt sollten wir es verstehen. „Und dann sah ich, wie Peter sich die Pfote schleckt", sagte Ulrike noch. Sollte sich auch das bewahrheiten?

Wundervolle Tage

Gemeinsam liefen wir in die Küche und es schien, dass unser tägliches Ritual von früher begann. Ich setzte mein Kaffeewasser auf und gab Peter was zum Fressen. Das war mittlerweile kein Problem mehr und auch die Ausscheidung funktionierte jetzt im Kistchen. Wir unterhielten uns und ich begann zu überlegen wie er wieder springen lernen könnte. Ich dachte erst mal an eine kleine Kiste.

Während ich so mit ihm sprach saß Peter bei mir auf der Eckbank. Und ehe ich mich versah sprang er herunter. „Peter, das ist ja super", rief ich vor Begeisterung. Er schaute mich an und lief dann wieder auf seinen Futternapf zu und schleckte noch etwas herum.

Dann passierte das nächste Wunder: Er machte erste Putzversuche, indem er sich ein bis zwei Mal die Pfote abschleckte. Hatte Ulrike nicht vorgestern genau dieses Bild von Peter empfangen? Genial wie die Kommunikation funktionierte.

Draußen war immer noch eiskalter Winter: Nachts hatten wir minus zwölf Grad und tagsüber sonnige minus vier Grad, dazu ein frostiger Wind. Peter wollte wieder hinaus. Und so machten wir auch an diesem Tag öfter eine kleine Runde im Schnee. Heute lief er Richtung Straße und zum Nachbarhaus. Auch eine seiner gewohnten Runden aus früheren Zeiten. Es war einfach ein Traum, seine Fortschritte miterleben zu dürfen.

Am nächsten Tag stand Peter morgens auf und lief in die Küche. Als ich ihm folgte sah ich ihn erstmals wieder in seinem Kistchen. Er hatte es allein gefunden. Danach gab´s Frühstück und etwa eine Viertelstunde nach dem Fressen leckte er sich erstmals die Pfoten wie zum Putzen. Das heißt, er leckte sich nicht nur die Pfote ab, sondern hob sie anschließend und fuhr mit typischen Putzbewegungen über sein Gesicht. Ich jubelte innerlich. Täglich passierten nun neue Wunder.

Dann wurde mein gleichwertiger Partner sehr aufmerksam und hellhörig. Er drehte seinen Kopf Richtung Terrassentür, die offen stand, und schaute wachen Auges hinaus. Ich schaute ihm hinterher und sah einen Spaziergänger auf der Straße. Mein Katzenfreund Peter spitzte die Ohren, um das Geschehen draußen zu verfolgen. Etwas später kam die nächste Überraschung. Peter saß mit mir auf dem Sofa und fing erstmals wieder mit seinen Pfoten leicht zu kneten an. Alles Dinge, die früher das Normalste auf der Welt waren. Sie wurden für mich zu neuen Wundern.

Neben Fressen und Rundgänge machen, streckte er sich am Mittwoch nach dem Aufstehen erstmals wieder komplett durch und gähnte. Genüsslich reckte und streckte er seine Gliedmaßen, seine Vorderpfoten und dehnte seine Wirbelsäule weit bis nach hinten. Ich musste mir keine Sorgen mehr machen. Peter war zwar noch nicht komplett wieder der Alte, aber er war in meinen Augen über dem Berg. Ich konnte ihn jetzt kurze Zeit allein lassen.

Als meine Mutter bei mir war und ich das Mittagessen fertig gekocht hatten und wir uns zum Essen hinsetzten, sprang unser kleiner Freund erstmals wieder auf die Eckbank. Ich traute meinen Augen nicht. Peter bettelte nie, wusste aber, dass er ab und zu eine Nudel bekam und setzte sich so zwischen uns mit neugierigem Blick. Und er liebte Nudeln, besonders wenn sie mit Butter und etwas Salz angebraten waren. Ja, Sie ahnen es schon. Mein kleiner Freund bekam natürlich ein paar Nudeln ab. Bei der anschließenden Mittagsruhe rollte er sich das erste Mal wieder beim Schlafen zusammen. Das waren wunderbare Geschehnisse. Fressen, trinken, Stuhlgang und Kistchen gehen klappte mittlerweile gut. Ich hatte in diesen Tagen einen Traum von Maria. Sie hatte Peter auf dem Schoß, streichelte ihn und freute sich herzlich. Ich sah dies als sehr positiv. Ulrike wiederum sah Bilder, wie Peter aufs Sofa springt und wie er selbständig die Wohnzimmertür öffnet. Das bestätigte sich am nächsten Tag, als mein Freund morgens aufstand und mit seiner Pfote die Wohnzimmertür öffnete.

Als wir bei meiner Mutter waren sprang Peter aufs Sofa und machte auch bei ihr in die Katzenkiste. Autofahren liebte er mittlerweile und schaute stets aufmerksam und neugierig aus dem Fenster. So vergingen ein paar wunderbare Tage. Am folgenden Wochenende fing er an, sich nach dem Fressen zu putzen.

Doch dann passierte es, dass er nicht mehr in die Katzenkiste ging. Das verstand ich nicht. Ich telefonierte mit Ulrike und erzählte ihr davon. Wir erinnerten uns an die Bilder, die Peter damals gesandt hatte - quasi: „Mach das Katzenstreu nass, es ist zu trocken." - und wir es nicht verstanden. Ich beobachtete ihn, wie er mit den Vorderpfoten vorsichtig ins Kistchen ging und das Hinterteil draußen blieb. Dann fing der Schwanz kurz zu zittern an und er ging wieder raus. Wir überlegten gemeinsam. „Vielleicht ist ihm der Übergang vom Korkboden ins Katzenstreu zu rutschig?", dachten wir laut. „Okay, können wir ändern", sagte ich und legte eine rutschfeste Matte unter die Kiste. Klasse, das war's. Peter

ging langsam und bedächtig wieder hinein. Ich beobachtete ihn. Wenn die rechte Hinterpfote drin war, hatte er Mühe den linken Hinterfuß nachzuziehen, doch es klappte.

Peters Abschied

Ich ahnte nicht, was diese Nacht mit sich bringen würde. Ich kochte am Mittwoch noch Hühnerfleisch mit etwas Karotten und Reis und bereitete davon auch etwas für Peter zu. Eine Portion für mich und eine für ihn. Doch schien er darauf keinen großen Appetit zu haben. Auch das normale Futter nahm er nicht so freudig wie in den letzten Tagen zu sich. Leichtes Unbehagen stieg in mir hoch.

Den Abend verbrachten wir wieder mit Kuscheleinheiten und Peter lief bedächtig durchs Wohnzimmer. Als er dann bei mir war, konnte er sein Wasser nicht halten. Das beunruhigte mich. Doch Peter schlief wie in alten Tagen in meinem Arm ein.

Nachts gegen drei oder vier Uhr wachte ich erschrocken auf, denn Peter hatte einen heftigen Krampfanfall. Er schrie nicht, doch seine Glieder wurden ganz steif und es dauerte für mich eine Ewigkeit, bis der Anfall vorbei war. Zitternd hielt ich ihn im Arm und streichelte ihn. Sein Herz schlug wie wild, seine Pupillen waren ganz weit, als wenn man in ein schwarzes, unendliches Universum sieht. Die Krämpfe nahmen immer mehr zu. Mir ging es schlecht und ich war sehr traurig, doch sagte ich zu Peter: „Ich lass dich los, wenn du gehen willst.", so dass er in eine andere Dimension hinübergehen könne.

An diesem Tag stürmte und schneite es in einem fort. Die Krampfanfälle wurden immer heftiger und kamen in immer kürzeren Abständen. Ich hielt Peter immer im Arm und war mit ihm mental verbunden. Die Situation verschlechterte sich dramatisch. Ich fühlte mich total hilflos. In meiner Sorge und Not fuhr ich in die Tierklinik. Die Tierärztin sagte, dass es keine Rettung mehr geben würde. Es bedeute nur noch zusätzliches Leid für ihn. Das Beste was man für ihn noch tun könne sei ihn einzuschläfern. Ich war tieftraurig, musste eine Entscheidung treffen. In den letzten Wochen war ich so voller Hoffnung und nun...

Doch manchmal entscheidet sich die Seele für einen anderen Weg. WARUM ist die große Frage auf die wir keine Antwort haben. Wir müssen es einfach akzeptieren und respektieren. So gab ich mein Einverständnis. Ich hielt Peter in den Händen als die Tierärztin die Spritze ansetzte. Er spürt nichts, versicherte sie mir. Kurze Zeit später hatte sein Herz zu schlagen aufgehört.

Es war so schwer, diese Nachricht weiterzugeben, wo ich doch so zuversichtlich war, was Peters Gesundheitszustand anbelangte. Und jetzt war er einfach nicht mehr da. So unverständlich für mich. Ich nahm Peter mit nach Hause und hielt ihn noch stundenlang im Arm bevor er im Garten von Maria ein Plätzchen erhielt, das er sich ausgesucht hatte. Ich fragte ihn einfach mental, Ulrike ebenfalls und wir erhielten die gleiche Antwort: „Neben dem ehemaligen Bienenhaus", sagte unser Seelenfreund.

Als ich mich mit Ulrike so unterhielt, erzählte sie mir, was sie von Peter gestern erfahren hatte. Sie wollte noch Katzenfutter einkaufen und schicken, doch bekam sie den Impuls, es zu lassen. Unser Peter zeigte ihr das Ende eines Lineals. Sie erzählte mir noch eine weitere interessante Geschichte: „Eine Bekannte, die sich ebenfalls per Telepathie mit Tieren verständigen kann, hörte nachts eine Katze sehr laut Miauen. Es war so gegen halb vier. Sie schaute draußen nach, entdeckte jedoch keine Katze. So verband sie sich mental mit dem Tier und sah eine schwarz-weiße Katze rufen." Ich sah noch keine Verbindung zu Peter mit dieser Geschichte, doch Ulrike erzählte weiter. „Weißt du, unsere Mimi hatte mit Peter zu Lebzeiten ein sehr gutes Verhältnis. Und sie war schwarz-weiß. Vielleicht hat sie Peter abgeholt?"

Schon seltsam, aber was wissen wir denn was alles möglich ist? Oder sollte diese Nachricht an Ulrike auch noch Zufall sein? Ich glaube es nicht, aber ihnen steht es natürlich frei. Später schickte Ulrike mir noch ein Bild aus alten Tagen, auf dem Mimi und Peter gemeinsam auf dem Wohnzimmersessel schliefen.

Peter auf dem goldenen Teppich

Peter war spürbar anwesend, wenn auch ohne Körper. Und ich vermisste ihn so sehr. Regina, die Freundin von Ulrike, empfing kurz nach seinem Übergang ein wunderschönes Bild von Peter. Sie sah ihn mit mir zusammen wohlbehütet auf einem fliegenden, goldenen netzartigen Teppich. Er teilte ihr mit, dass er mich hier auf der Erdenebene begleite und sende mir viel Kraft und Liebe. Und er wolle sich bei mir bedanken, dass ich ihm so viel geholfen hatte.

Ein paar Tage später empfing Ulrike folgende Bilder: Peter streckte und gähnte sich auf der anderen Seite ausgiebig. Sein Energiefeld weitete sich und dehnte sich aus und sie sah viele wohlriechende Blüten, die sich wie Essenzen mit dieser Energie verbanden. „Peter sagt, du sollst auf Düfte achten. Und er hätte gern auch eine Nudel mit Butter und Salz wenn du welche kochst". Ich lachte und stellte mir Peter vor, wie er auf seiner rot-karierten Decke genüsslich schlief und dann vom Geruch der gebratenen Nudeln aufwachte, langsam gähnend und streckend aufstand, von seinem Korbsessel herab sprang, und auf eine Nudel wartete. Mit Geduld und Erfolg.

Die Tage gingen ins Land und es folgten immer weitere Informationen von Peter über Ulrike. Ich war wohl zu traurig und deshalb blockiert in dieser Zeit. Peter sprang unterdessen auf der

Peter und Mimi in jungen Jahren,

anderen Seite spielend umher und beschäftigte sich mit einer Kugel, die in Geschenkpapier eingewickelt war. Er spielte solange bis die Kugel wie ein Kinderüberraschungsei aufging. Heraus kam Daisy Duck mit rosa Schleife im Haar und Schirm. Sicher kennen Sie aus den Walt Disney-Filmen ihren „Wimper-Klimper-Aufschlag". Ich schmunzelte bei der Vorstellung an Donald Duck, Onkel Dagobert und Daisy Duck.

„Ja, Peter sagt, du sollst auf dich achten, genau wie Daisy Duck." Und als wir uns so über Peter unterhielten, wie sein Buch langsam Formen annehmen sollte, tauchte er urplötzlich in seiner alten Form mit schwarzem Talar und Zeigestock auf und beobachtete uns wie ein Lehrer, so dass wir schmunzeln mussten. „Ja, Peter es wird bald fertig", sagte ich. „Ich werde deine Nachrichten an andere Tierfreunde weitergeben". Peter schien zufrieden. Ja, Botschaften zu erhalten und mit Tieren zu kommunizieren sind jedem möglich. Es ist kein Humbug. Probieren Sie es aus. Im nächsten Kapitel lesen Sie dazu kleine Geschichten, wie wir es machen.

Entdecken Sie ihren sechsten Sinn

Drei kleine Geschichten wie Ulrike, Anke oder ich Kontakt aufnehmen.

Ulrike: Jeder von uns besitzt die Fähigkeit mit Pflanzen und Tieren zu kommunizieren. Das Handwerkszeug dazu ist: Vertrauen, Liebe und unseren Verstand, unser Ego in dieser Zeit in ein „Köfferchen" zu packen.

Wenn ich durch ein paar tiefe Atemzüge zur Ruhe gekommen bin, schließe ich die Augen und gehe im Geist zu meinem dritten Auge (Punkt zwischen den Augenbrauen). Dann spreche ich das Tier an (es spielt dabei keine Rolle ob es hier in seinem physischen Körper ist oder schon gegangen). Kenne ich das Tier oder habe ich ein Foto von ihm, dann gehe ich ebenfalls im Geist zu seinem dritten Auge. Zuerst bitte ich ob es bereit ist mit mir in Kontakt zu treten. Oft erscheint dann in meinem geistigen Auge das Bild des Tieres ganz klar. Es gibt aber auch Situationen wo es mir zu verstehen gibt, dass es seine Ruhe haben möchte, keine Lust auf Kommunikation, weil es gerade am fressen ist oder am schlafen. Da der freie Wille zählt, respektiere ich es. Denn wie geht es ihnen liebe Leser, wenn sie gerade ein schönes Nickerchen machen und jemand versucht sie dabei zu stören?

Ist das Tier bereit, sehe ich Bilder und Worte, es signalisiert mir was es braucht, wie es ihm geht. Am Schluss des Gespräches bedanke ich mich. Dank zeugt von Respekt und auch Tiere und Pflanzen erfreuen sich daran.

Vielleicht haben Sie auch den Wunsch diese Art von Kommunikation zu üben, zu erleben? Ich freue mich wenn ich Ihre Neugierde darauf geweckt habe.

Peter ist offen dafür, auch meine Meerschweinchen Rufus und Koboldine (beide schon gegangen) stellen sich Ihnen gerne zur Verfügung. Stellen Sie Fragen wie es Ihnen bei mir gefallen hat, wie sie bei mir gelebt haben, ob sie die Räumlichkeiten sehen dürfen, ob sie krank oder verletzt waren und wenn ja, wo. Fragen Sie Rufus was er am Abend ganz besonders toll fand, was geschah mit ihnen, wenn ich ins Allgäu gefahren bin usw. Ich wünsche

Ihnen verzaubernde und liebevolle Momente bei Ihrer Tierkommunikation. Sie können mir gerne Rückmeldungen über die Webseite von Erika Nerb zukommen lassen.

Ich weiß, dass es Anfangs oft Schwierigkeiten gibt, weil wir uns zu sehr auf das drittes Auge „verkrampfen". Dann kommen oft Gedanken wie: Was ist dieses zusätzliche Auge? Wie soll ich es denn sehen? Der Schlüssel liegt im „nicht verkrampft" sein. Suchen Sie sich einen ungestörten Platz (kein Telefon, kein Handy, Radio usw.), an dem Sie sich gut fühlen, sich „fallen" lassen können. Setzen Sie sich in Ihrer Wohlfühlhaltung hin, tiefes Ein- und Ausatmen bringt Ruhe, dann schließen Sie die Augen. Damit geben Sie sich den Impuls nach „innen" gehen zu dürfen. Dann erspüren Sie den Punkt zwischen den Augenbrauen oder geben Ihren geschlossenen physischen Augen den „Auftrag" sich diesen Punkt anschauen zu dürfen.

Tun Sie es mit einem Lächeln, mit einer Vorfreude auf das Geschenk, das Sie sich gerade machen. Wir kennen alle dieses Aha-Erlebnis, wenn wir längere Zeit keinen Kontakt mit einem Menschen hatten, intuitiv an ihn denken und anrufen wollen. Da klingelt Ihr Telefon und...? Dieser Mensch meldet sich bei Ihnen. Ihre schwingenden Energien haben sich verbunden – Telepathie im Alltag unseres Lebens.

Ein guter Einstieg war für mich auch die Kommunikation mit Pflanzen. Unvergesslich die „Brennnesselübung".

Suchen Sie sich in der Natur ein ungestörtes Plätzchen wo sie Brennnesseln entdecken. Ungestört deshalb, weil es zuerst einmal für einen selber ungewöhnlich ist vor einer Pflanze zu sitzen und mit ihr zu sprechen. Für vor-

Rufus auf dem blauen Tuch und Koboldine frisst.

beikommende Menschen sicher auch, oder? Ich sehe Sie schmunzeln, tun Sie es ruhig. Mit diesem Schmunzeln beginnen Sie nun ihr Gespräch. Sagen Sie der Brennnessel wie schön sie ist, wie interessant, dass Sie vorher noch nie so genau hingesehen haben. Erzählen Sie ihr was Sie gerade bewegt, und dass Sie sich freuen, wenn Sie ein Blatt von ihr nehmen dürfen ohne dass es brennt.

Dies geschieht Nonverbal – alles im Geist. Sie werden spüren wie die Pflanze Ihre Augen auf ein bestimmtes Blatt hinweist. Kommunizieren Sie im Austausch, das heißt, lassen Sie auch Impulse von ihr zu, oft in Form von Freude, die Sie „überfällt" zu spüren. Nicht vergessen. Der Verstand ist im „Köfferchen", denn der würde sagen: „So, jetzt reicht's, genug geredet, jetzt nimm einfach ein Blatt."

Was würde dann geschehen? Richtig, es würde brennen und Ihr Verstand triumphieren und sagen: „Wusste ich doch, das funktioniert ja doch nicht."

Also erst wenn die Pflanze Ihnen ein Blatt „zeigt" nehmen Sie es und bedanken sich. Sie werden kein Brennen spüren.

Dann fragen Sie das Blatt, wie sie es falten sollen, damit Sie es schmerzfrei essen können. Auch da werden Sie die richtige Anweisung bekommen. Und

es schmeckt auch noch köstlich. Ungewöhnlich – nicht wahr?

Liebe Leser, es ist einen Versuch wert, denn Sie werden bei jedem weiteren „üben" merken, wie viel Kraft, Freude und Liebe von unseren Tier-, Pflanzen- und Steingeschwistern zu uns strömt. In tiefer Verbundenheit zu allem, was ist.

Ulrike Weigl

Anke: Mich geistig mit Tieren zu verbinden und deren Empfindungen und Eindrücke zu spüren, Bilder und Informationen zu empfangen, oder Anzeichen von Schmerz zu erkennen, sehe ich als eine wundervolle Möglichkeit, den Tieren wirklich nahe sein zu können und mich mit ihnen auf einer intensiveren Ebene zu verständigen.

Zeit, Geduld und Ruhe sind natürlich Voraussetzung, um überhaupt einen Kontakt mit der Energie des Tieres zu bekommen, der nicht – oder so wenig wie möglich – von meinen persönlichen Gedanken und Deutungen beeinflusst wird.

Wenn ich mich also durch tiefe Atemzüge befreie von meinen eigenen Alltagsgedanken und auch von den Erwartungen an das folgende Tier-Gespräch, baue ich eine geistige Brücke – meine besteht aus klaren Regenbogenfarben – von meinem Stirnchakra zum Stirnchakra des Tieres, und stelle so die energetische Verbindung her. Dabei spielt es keine Rolle, ob das Tier leiblich vor mir steht, oder draußen auf der Weide, ob es schläft, oder sogar zur Zeit vermisst wird. Der energetische Kontakt verbindet uns über alle Grenzen hinweg. Auch über die Grenze zwischen Leben und Tod.

Um ein Gespräch respektvoll zu führen und richtig „rein" zu kommen, frage ich das Tier als allererstes, ob es mit mir sprechen möchte und stelle mich ihm vor.

Bis jetzt hat noch kein Tier Ablehnung gezeigt, jedoch kann Schüchternheit, Unsicherheit, lange aufgestauter Ärger oder eine elende körperliche Verfassung gleich deutlich zu erkennen sein. Tiere wollen kommunizieren, wollen helfen oder Missverständnisse klären. Die größten Missverständnisse gibt es nun mal zwischen Mensch und Tier, wenn sie zwei verschiedene Sprachen sprechen. Und genau dafür ist mir die Tierkommunikation so wichtig. Ich empfange Bilder, Gefühle und körperliche Konstitution. Um möglichst viel zu erfahren und für eventuelle Probleme Lösungen zu finden, stelle ich Fragen, oder erkläre dem Tier die Dinge aus Menschensicht.

Mir selbst geben Tiergespräche enorm viel, weil die unendliche und bedingungslose Liebe spürbar ist, die von jedem Tier ausgeht. Schön ist es natürlich, wenn man dadurch helfen kann, das Zusammenleben zwischen Mensch und Tier harmonischer und verständnisvoller zu gestalten oder Schmerzen, Unwohlsein zu lindern. In solchen Fällen frage ich das Tier gerne direkt, ob es mir sagen kann, was ihm helfen könnte. Meistens wissen sie das.

Die Gespräche mit Tieren verlaufen immer sehr respektvoll. Es ist deutlich spürbar, dass sich die Tiere über den Kontakt freuen.

Gespräche mit Krafttieren haben nochmal eine etwas andere Energie. Die darin enthaltenen Informationen und Bilder betreffen oft die ganze Welt, das Universum, das große Ganze mit allen unseren Anteilen. Von der Weisheit und der kraftvollen Energie dieser Gespräche bin ich jedes Mal enorm beeindruckt und ich lerne daraus sehr viel über mich selbst.

Erika: Wenn ich mit einem Tier „reden" will, frage ich es erst mal, ob es auch Lust hat, mit mir zu kommunizieren. Das finde ich wichtig, denn vielleicht ist das Tier gerade beschäftigt oder schläft. Die Unterhaltung geschieht in einer ruhigen, schönen Atmosphäre, das heißt nicht mal schnell zwischen Küchenherd, Putzwahn, Kindergeschrei oder Gartenarbeit.

Wenn ich dann zur Ruhe komme, atme ich tief ein und aus und verbinde mich mit meinem dritten Auge mit dem des Tieres. Das Ganze passiert sehr liebe- und respektvoll und mit dem freien Willen des Tieres. Wenn das Tier bereit ist, bekomme ich oft eine Antwort. Und der erste Impuls, den ich empfange ist ausschlaggebend, nicht was mein Kopf dann hinein plappert. Das habe ich mittlerweile gelernt. Verstand und Kopf ausschalten. Das ist für mich das Schwierigste. Ich kann mir vorstellen, dass meine empfangenen Gedanken,

Worte oder Bilder trotzdem persönlich eingefärbt waren oder sind. Ich bin in dieser Hinsicht kein Profi. Aber seien Sie ruhig auch skeptisch und probieren Sie zur Überzeugung die Brennnesselübung von Ulrike.

Manchmal sind es dann Gefühle, die plötzlich auftauchen, Bilder oder Worte. Es ist gut, die Mitteilung aufzuschreiben, auch wenn sie manchmal sehr wirr erscheint und man selbst nichts damit anfangen kann. Wir hatten ja auch Situationen, bei denen wir nicht wussten, was Peter meint (Katzenstreu ist zu trocken) und erst später fanden wir die Lösung. Probieren Sie es aus. Es kann jeder.

Katzenfutter selbst gemacht

Mein Peter hat ab und zu selbstgemachtes Futter bekommen. Die Rezepte sind einfach und sollen eine kleine Anregung sein. Wenn Sie für sich oder ihre Familie kochen, ist es nicht schwer für ihren Schmusetiger oder ihre Samtpfote mit zu kochen. Es ist eine schöne Abwechslung zum normalen Nass- und Trockenfutter. Sie werden selbst sehen, was ihrem Liebling schmeckt. Da mein Peter schon zu den Senioren gehörte, habe ich das Futter noch mit Vitaminflocken und Taurin angereichert.

Kräuterpfannkuchen

Zutaten:
- Mehl
- ein bis zwei Eier
- Milch
- eine Prise Salz
- etwas frische Kräuter
- Eventuell mit Nassfutter füllen

Mehl mit einer Prise Salz verrühren, das Ei dazu und mit Milch solange rühren bis ein flüssiger Teig zum Ausbacken entsteht. Mischen Sie die frischen Kräuter unter und backen die Pfannkuchen dünn aus. Etwas abkühlen lassen und vielleicht mit etwas Nassfutter bestreichen, zusammenrollen und in dünne Scheiben schneiden. Mein Peter hat dieses Schmankerl geliebt und meist lauwarm gegessen, während ich die Pfannkuchen ohne Nassfutter verspeist habe...

Hackfleisch mit Reis

Zutaten:
- Hackfleisch
- Reis
- 1 Ei

Das Hackfleisch salzen und mit gekochtem Reis vermengen. Das Ei unterheben. In der Pfanne Hackfleischküchlein ausbacken oder im Topf die Küchlein garen. Ab und zu hat Peter auch etwas rohes Hackfleisch bekommen. Das liebte er heiß und innig.

Pute / Hähnchen mit Reis oder Nudeln und Karotten

Zutaten:
- 1 Puten- oder Hähnchenschnitzel
- 1 Karotte
- 1 EL Reis
- eine Prise Salz

Das Schnitzel in kleine Stücke schneiden und in Salzwasser weich kochen. Die Karotte gleich mitkochen. Das Ganze mit gekochtem Reis oder Nudeln vermischen und servieren.

Krabbencocktail

Zutaten:
- Zwei bis drei Krabben
- Süße Sahne
- Quark mit frischen Kräutern

Wenn Sie sich selbst mal mit Krabben verwöhnen, gönnen Sie ihrer Katze ein Erlebnis der besonderen Art. Mischen Sie frisch hergestellten Kräuterquark (ohne Gewürze) mit etwas süßer Sahne und geben sie ein paar Krabben hinein. Das war unwiderstehlich für meinen Peter.

Infos über Peters Versorgung

Da ich nicht wusste, wie ich meinen kranken Peter richtig versorgen musste, habe ich diesen Plan zur Information mit angehängt.

10. Januar: Peter ist apathisch und hat hohes Fieber. Beim Tierarzt bekommt er eine Infusion mit Antibiotika und Glukose (Zucker), die dann sehr langsam hinein läuft.

11. Januar: Infusion mit Antibiotika und Glukose. Ich bekomme eine physiologische Kochsalzlösung (0,9% Natriumchlorid NaCl) und Spritzen, um die Infusion daheim zu spülen.

12. Januar: Infusion mit Antibiotika und Glucose. Bekomme ein 100 Gramm-Schälchen Intensiv-Futter mit dem Namen „Recovery" von Royal Canin mit nach Hause – er frisst nichts.

13. Januar: Infusion mit Antibiotika sowie Schmerz- und Fiebersenkendes Mittel mittags und abends.

14. Januar: Infusion mit Antibiotika. Zwei Teelöffel „Recovery"-Futter mit Wasser verdünnt in Backe über den Tag verteilt mit einer Spritze eingeflößt.

15. Januar: Infusion mit Antibiotika. Bekomme Trockenmilch mit. Diese wird im Verhältnis 1:1 mit Wasser aufbereitet, mag er aber nicht. Mittags fraß er ein 100-Gramm Schälchen des mit Wasser verdünnten Aufbaufutters aus der Spritze. Als er nachmittags aufwachte war er erneut hungrig und fraß wieder ein ganzes 100 Gramm-Schälchen.

16. Januar: Infusion mit Antibiotika. Hat heute auch gut gefressen. Jetzt ist sein Bauch dick ganz, denn seit Sonntag hatte er gut und gerne 650 Gramm gefressen, aber noch nichts ausgeschieden!

17. Januar: Infusion mit Antibiotika beendet, Nadel gezogen, Miniklistier gegeben.
100g Schälchen des „Recovery"-Aufbaufutters und 50ml Flüssigkeit aufgenommen

18. Januar: Peter steht nicht auf. Ich gab ihm insgesamt 10ml Wasser über die Spritze, denn selbständig trank er noch nicht. Das gleiche wiederholte ich um sieben und um acht. Sein Bauch war dick und Gott sei Dank weich. In der Tierklinik bekam er am Vormittag 500ml Ringerlösung unter die Haut. Diese Infusion lief in 10 bis 15 Minuten rein. Erst die rechte Bauchseite subkutan (unter die Haut), dann Wechsel und die andere Hälfte auf die linke Seite. Daneben bekam er 4ml Lactulose (1ml pro kg Köpergewicht) mit der Spritze in die Backe. Das sollte ich zwei Mal täglich, morgens und abends wiederholen. Zum Abschluss noch ein Miniklistier und Antibiotikaspritze. Zuhause, draußen richtig „großes Geschäft" gemacht (4-5 feste Kotstücke von einer Länge mit geschätzten 3-4cm). Peter fraß heute noch 100g Recovery mit etwas Wasser verdünnt und schlief ab 16 Uhr bis zum nächsten Morgen, so dass ich ihm die verordnete zweite Dosis Lactulose nicht verabreichte

19. Januar: Morgens 5ml Wasser und getrunken aus der Spritze, anschließend die 4ml Lactulose. Frühstück: 50g Recovery mit Wasser verdünnt. Ach ja, nachts „bieselt" Peter immer. Beim Tierarzt das letzte Mal Antibiotika gespritzt und noch einmal eine Schnellinfusion (500ml Ringer mit Aminosäuren und Glucose) gekriegt. Augencheck gemacht. Mittags fraß er 50g Recovery gemischt mit Wasser.

17 Uhr gab es wieder 25g Recovery und erstmals normales Futter 25g. Beides zusammen mit etwas Wasser gemischt. Abschließend 4ml Lactulose. Gegen 21 Uhr schied Peter im Liegen ohne Anstrengung zwei sehr harte „Kotsteine" aus von je einem Zentimeter Länge und lies Wasser. Noch ein Erfolg!

20. Januar: Morgens 10ml Katzenmilch aus einem kleinen Deckel geschlabbert. Die Lactulose wieder aus der Spritze. Das Intensiv-Futter mischte ich jetzt langsam mit Normalfutter (50g Recovery und 25g Normal mit Wasser zu Brei gemacht). Mittags die gleiche Ration an Futtergemisch. Er hat sehr gut gefressen. Ich zeigte ihm die Katzenkiste und er machte hinein. Sogar zwei nicht mehr ganz so harte Kotstücke waren dabei, die er aktiv raus gepresst hat. Anschließend gab es Katzenmilch 10ml aus der Spritze, die er gierig aufnahm. Schlafen und rumlaufen folgte. Gegen 17 Uhr hatte Peter seine dritte Futterration bekommen und sehr gut vom Teller gefressen, ohne dass er erst am Finger probieren musste.

Abends bekam er wieder seine 4ml Lactulose (gegen 19 Uhr), dann schlief er ein, wachte nochmal kurz auf und schlief weiter bis zum Morgen.

21. Januar: Frühstück: Die 4 ml Lactulose und wieder 50g Recovery , 25g Normalfutter und 25ml Wasser. Alles gemischt. Peter fraß alles auf. Um 12 Uhr gab es wieder was zu Fressen (gleiche Mischung wie am Morgen). Der Teller war schnell leer. Von 15 – 18 Uhr schlief er. Danach gab's die letzte Futterration für heute. Der Teller war wieder leer.

22. Januar: Frühstück: Ich bereitete das Fressen wie gestern. Er hat alles auf meinem Schoß weggeschleckt. Heute bekommt er das letzte Mal die 4ml Lactulose. Gegen 8 Uhr gingen wir hinaus. Dort machte er nach etwa 10 Minuten sein Geschäft (Konsistenz weich, Menge normal) in den Schnee.

Mittags und abends Fütterung wie erwähnt. Er frisst fast alles auf. Er bekommt nun noch Globuli (Carbo vegetabilis D 12; 3x3 eine Woche lang). Damit er besser auf die Füße kommt.

24. Januar: Fressen wie gestern

26. Januar: Morgens 100g Normalfutter dazu 25g Recovery und die Globuli. Eine Immuntablette zerdrücke ich mit der Gabel und gebe sie ihm mit etwas Futter vermischt zuerst. Zwei Teelöffel (TL) Sahne gibt's extra, mittags das gleiche, nur statt Sahne 2 TL Joghurt

28. Januar: Futter heute:125g Normal mit Globuli und zerdrückter Immuntablette. Eine viertel Stunde nach dem Fressen leckt er sich erstmals die Pfoten wie zum putzen. Mittags und abends Normalfutter mit Globuli.

29. Januar: Futter morgens: 125g Normal mit Globuli und zerdrückter Immuntablette. Mittags und abends Normalfutter mit Globuli.

DANKSAGUNG

Meiner Freundin Ulrike Weigl für die Tierkommunikation, ebenso Regina Weber für ihre Tierkommunikation, meiner Mutter Christa Nerb für die intensive Mithilfe und Energiearbeit bei der Versorgung von Peter, meiner Freundin Gudrun Kolb, die immer mit Rat und Tat beiseite steht, ebenso Anke Hoppe für ihre Hilfe bei der Tierkommunikation, Silvia Kuhn für ihre Energiearbeit und Mithilfe, Frieder Bertele für das Layout und die graphische Gestaltung, Armin Dorner für das Korrektur lesen, sowie allen Personen, die beim Durchlesen des Textes ihre Anregungen gaben. Besonders danken möchte ich meinem Seelenfreund PETER, ohne den dieses Buch nie entstanden wäre. Danke auch an alle Tierseelen und Menschen die jetzt schon an der Tierkommunikation beteiligt sind.

Nachwort

Peter war und ist ein großer Lehrer, der mir viele Lektionen beibrachte. Besonders an seinem letzten Tag.... Aber auch jetzt ist er noch sehr präsent. Ich spüre ihn, spreche mit ihm und erhalte Antworten, als Gedanken, Impulse oder Bilder. Auch Ulrike steht weiterhin im Kontakt mit Peter; er sendet aus einer höheren Ebene. Peter ist jetzt nicht nur mein alter, weiser Kater – er ist jetzt auch mein Krafttier. Und dafür danke ich dir, lieber Peter, von ganzem Herzen.

Literaturhinweise

Hoppe, Anke:
Gespräche mit unseren Krafttieren.
Eintauchen in die spirituelle Welt der Tiere.

Herstellung und Verlag; Books on Demand GmbH
Broschiert: 88 Seiten
ISBN-10: 3837098141
ISBN-13: 978-3837098143

Hoppe Anke:
Was sagt mir mein Krafttier?
Sich selbst kennenlernen im Gespräch mit Krafttieren

Herstellung und Verlag; Books on Demand GmbH
Broschiert: 104 Seiten
ISBN-10: 3848201836
ISBN-13: 978-3848201839

Glossar

Kommunikation

Kommunikation (lateinisch communicare „teilen, mitteilen, teilnehmen lassen; gemeinsam machen, vereinigen") ist der Austausch oder die Übertragung von Informationen. „Information" ist in diesem Zusammenhang eine zusammenfassende Bezeichnung für Wissen, Erkenntnis oder Erfahrung. Mit „Austausch" ist ein gegenseitiges Geben und Nehmen gemeint. „Übertragung" ist die Beschreibung dafür, dass dabei Distanzen überwunden werden können, oder es ist eine Vorstellung gemeint, dass Gedanken, Vorstellungen, Meinungen und anderes ein Individuum „verlassen" und in ein anderes „hinein gelangen". Dies ist eine bestimmte Sichtweise und metaphorische Beschreibung für den Alltag. Bei genaueren Beschreibungen des Phänomens Kommunikation wird die Anwendung dieser Metapher zunehmend schwieriger.
Quelle: http://de.wikipedia.org/wiki/Kommunikation

Weißer Salbei

Der weiße Salbei ist eine Heilpflanze, die den Körper und den Geist reinigt. Er belebt die Seele und die Sinne, bringt Negatives von uns weg, umhüllt uns mit seinem heiligen Rauch, bringt Geborgenheit, die Liebe und das Licht in uns zurück.
Der indianische White Sage (salvia apiana) wird auch indianischer Räuchersalbei genannt. Er kommt vor allem im Südwesten der USA und im Nordwesten von Mexiko vor. Der weiße Salbei besitzt wächserne, durch feinste Härchen weißlich wirkende, hoch aromatische Blätter. Die Blüten sind weiß bis zart violett. Er hat einen aromatisch-frisch-harzig-süßlichen Duft und kann bis zu einem Meter dreißig hoch werden. Weißer Salbei wird von vielen indianischen Stämmen für Räucherzeremonien und in Schwitzhütten verwendet. Auch für die Einstimmung bei schamanischen Ritualen wird der weiße Salbei fast immer verräuchert. Bei einer schamanischen Hausreinigung wird er als Smudge Stick, gebundenes Kräuterbündel, verwendet. Sein Rauch reinigt und klärt von negativen Energien bei Lebewesen, in Räumen und auch bei Gegenständen.